VASTHI

IL A ÉTÉ TIRÉ DE CET OUVRAGE UN EXEMPLAIRE UNIQUE SUR JAPON NACRE MARQUÉ A ET CENT EXEMPLAIRES SUR HOLLANDE VAN GELDER NUMÉROTÉS DE I à C.

TOUS CES EXEMPLAIRES SONT RIGOUREUSEMENT HORS COMMERCE.

EXEMPLAIRE N°

HENRY CHURCH

VASTHI

TRAGI - COMÉDIE, EN UN ACTE, TIRÉE DU LIVRE D'ESTHER ET ADAPTÉE POUR UN THÉATRE DE MARIONNETTES

HORS COMMERCE

Le septième jour, lorsque le roi était plus gai qu'à l'ordinaire, dans cette chaleur que causait le vin qu'il avait bu en grande abondance, il commanda à Maümam, Bazatha, Harbona, Bagatha, Abgatha, Zéthar et Charchas, qui étaient les sept eunuques officiers ordinaires du roi, de faire venir devant lui la reine Vasthi, ayant le diadème sur la tête, pour faire voir sa beauté à tous ses peuples et aux premiers personnages de sa cour, parce qu'elle était extrêmement belle. Mais elle refusa d'obéir, et dédaigna de venir selon le commandement que le roi lui en avait fait faire par ses eunuques. Le roi entrant donc en colère, et étant transporté de fureur, consulta les sages qui étaient toujours près de sa personne...

LIVRE D'ESTHER

(d'après la traduction de Le Maistre de Saci)
Chapitre I. - Parag. II.

PERSONNAGES

LE ROI	
MARDOCHÉE	*Premier ministre.*
BAZATHA	*Grand eunuque.*
LA REINE VASTHI	
JERUSHA	*Confidente de la reine.*
ESTHER	*Nièce de Mardochée, fille d'honneur de la reine.*

L'action se passe sur la terrasse du palais du Roi

VASTHI

VASTHI

Ouf ! Qu'il est bon de respirer l'air frais ! L'on s'était trop attardé à table. Nous avons bien fait de nous évader. Ces dames...

JERUSHA

Le fumet de viandes trop abondantes est capiteux autant que le vin. Je crois que ces dames sont, pour la plupart, un peu grises.

VASTHI

Ce que j'ai dû entendre de niaiseries ! Ne saurait-on parler d'autre chose que de son train de maison... et de ses affranchis ? Qu'importe que chacune ait un gigolo... ou plusieurs ! Quelle impudicité ! Je ne me retenais plus de colère.

JERUSHA

A chaque service, elles se mettaient un peu plus à l'aise. Peu s'en est fallu qu'elles ne fussent à poil au dessert.

VASTHI

Une véritable orgie ! Elles doivent être contentes de nous voir partir : elles se gêneront encore moins.

JERUSHA

On n'entend plus rien du côté du roi. Se seraient-ils tous endormis ? Je trouve ce silence inquiétant. Nous pourrions monter à la galerie et, par la porte dérobée, jeter un coup d'œil dans la salle. Voulez-vous ?

VASTHI

Cela, non. Pour me conformer aux désirs de mon époux, j'ai offert ce festin aux femmes de ses hôtes. C'en est assez ; je ne tiens pas à voir aussi les mâles.

JERUSHA

Faisons quelques pas. Le jardin embaume en cette fin d'après-midi. Le crépuscule est une pieuvre qui suce toute vitalité aux choses. C'est un tantinet mystérieux, et point déplaisant.

VASTHI

Vois le croissant de la lune par dessus ces cèdres. Quel bon petit pain à croquer le matin avec le café au lait.

JERUSHA

Demandez-le à votre mari qui ne sait rien vous refuser.

VASTHI

Hélas ! Je craindrais de l'importuner en ce moment.

JERUSHA

Sentez la brise ! Elle chasse devant soi la nuit qui vogue vers nous, toutes ses voiles noires déployées.

VASTHI

Pour nous dérober à la honte du jour qu'elle met en fuite.

JERUSHA

Vous êtes triste ? Quel nuage, gros de mélancolie, vient tout à coup assombrir le ciel de votre sérénité ?

VASTHI

Ne te semble-t-il pas, parfois, que nous ne soyons que des pantins qu'un démon tiraille à droite, à gauche, selon son humeur ?

JERUSHA

Ce n'est donc que dans l'au-delà que nous saurions nous en affranchir ?

VASTHI

Oui. Ainsi il m'arrive de jubiler à part moi lorsque j'apprends qu'un homme s'est tué : un esclave — quelqu'absurde écrivailleur — ou un quelconque soldat déchu de son rang. Et je m'écrie : en voilà un qui a su vouloir... qui a su à soi-même se prouver qu'il pouvait en faire à sa guise.

JERUSHA

Moi, je ne tiens pas à cette preuve redoutable. Ma vie de pantin me suffit... Il n'en est pas moins vrai que le néant d'où nous sortons nous fascine. Mais la vie, même avec tout ce qu'elle offre de vexatoire, nous retient. Songeriez-vous à faire comme ces malheureux ?

VASTHI

Je ne sais... Parfois je pense... Mais l'instinct de vivre est fort en moi... Est-ce couardise ?... Et puis, l'on hésite de lancer ce défi au créateur, et d'insulter ainsi à la bienséance.

Du festin parviennent des bruits sourds, des clameurs d'approbation... Silence...

JERUSHA

Quelle rumeur ! On dirait des fauves qui s'ébattent.

VASTHI

Ces longues réjouissances ont rendu mon mari irascible. Mais le festin finira cette nuit. Demain nos hôtes s'en retourneront chez eux.

JERUSHA

Certes, le roi n'est pas fait pour les beuveries, son esprit est trop subtil pour qu'en vérité il puisse s'y plaire. Il est devenu tout autre qu'il n'était.

VASTHI

Et tu en connais la raison ?

JERUSHA
(embarrassée)

Les affaires d'État donnent des soucis... Il est revenu fatigué de sa dernière campagne : son âme est d'une trempe trop raffinée pour le métier des armes.

VASTHI
(avec ironie)

Un poète, un musicien, oui... Parle moi sans détour, Jerusha. Tu as dû te rendre compte qu'il vise amoureusement une de mes femmes, Esther ?

JERUSHA

Je l'ai vu causer avec elle... Mais c'est une fille d'esprit dont le discours peut l'égayer.

VASTHI

Une fille étrange. Elle est sans scrupules, ambitieuse, rusée. Je crains qu'elle ne me nuise. Quant au roi, elle le mènera par le bout du nez.

On entend à nouveau les cris et le tumulte du festin. Il semble qu'on acclame le roi.

JERUSHA

Éloignons-nous. Ces clameurs couvrent nos

voix. Tiens ! Bazatha qui vient vers nous. Que nous veut-il ?

Bazatha l'eunuque entre et s'avance pour parler à Vasthi. Il est gros, énorme. La peau de son visage grimaçant est ratatinée comme un morceau de cuir jauni par le temps. Les yeux mi-clos. Il marche avec peine, son ventre se balance au rythme de son pas. Son parler est onctueux, obséquieux et fleuri. Il est visiblement ivre.

BAZATHA

Ma charmante reine profite de cette chaude nuit d'été pour se délasser à l'air libre. C'est bien. Plût aux cieux que j'en pusse faire autant. Toutefois mes fonctions m'empêchent de me livrer à la moindre petite distraction.

(Il soupire.)

JERUSHA

Te voilà, vieille taupe ! Qu'est-ce qui nous vaut l'honneur de ta venue ? Je parie que tu t'es laissé aller de nouveau à l'empiffrerie, et que tu viens faire ici quelques pas afin de t'alléger un peu la cervelle.

BAZATHA

Toujours moqueuse, Princesse. Je suis la cible de vos plaisanteries. Mais je m'en réjouis si cela peut vous distraire. Je viens m'enquérir de l'état de votre santé, et de celle de Sa Majesté.

JERUSHA

Comment vieux bouffon ! Voici deux heures à peine que l'on s'est quitté ; et tu viens prendre de nos nouvelles ? Crois-tu que notre santé se soit déjà altérée ?

BAZATHA

Non point. C'est le roi qui m'envoie vers vous.

JERUSHA

Et depuis quand le roi s'occupe-t-il de nous lorsqu'il se trouve à table ?

VASTHI

Paix, Jerusha. Je m'aperçois à la mine grave de notre maître-eunuque que sa mission est d'importance.

BAZATHA

Certes, il serait étrange que vous vous portassiez autrement que tantôt ; à moins d'avoir été frappées à table d'une légère congestion cérébrale, comme certains de nos hôtes... et des plus illustres. Ma langue a fourché. Je viens voir si vous avez des ordres à me donner.

VASTHI

Que veux-tu dire ? Pourquoi tant de sollicitude de ta part ?... Et comment se fait-il que le roi éprouve tout à coup de l'inquiétude à notre sujet ?

BAZATHA

Réellement, je ne puis vous servir en rien ?

VASTHI

Merci, non. Tu peux t'en retourner auprès de ton maître pour le tranquilliser sur notre sort.

JERUSHA

Et te remettre à table. Il va sans dire que ce petit surmenage t'aura donné un regain d'appétit.

VASTHI

Oui, Bazatha, et boire quelques coupes à notre santé.

BAZATHA

Votre Majesté est bien bonne. Je m'en vais transmettre son message au roi *(il hésite)*. Votre Majesté n'a pas encore visité la salle du festin. Elle va peut-être le regretter.

VASTHI

Je n'ai pas eu l'occasion de m'y rendre depuis que nos hôtes l'encombrent.

BAZATHA

Je l'ai fait décorer de mon mieux...

VASTHI

Je n'en doute point, Bazatha. L'on sait votre génie pour tout ce qui a trait à l'ameublement.

BAZATHA

Pour vous en donner une idée : de tous côtés des tapisseries de fin lin, de couleur bleu céleste et d'hyacinthe... Soutenues par des cordons également de fin lin, teints en écarlate passés dans des anneaux d'ivoire et attachés aux colonnes de marbre.

JERUSHA

Ces couleurs se marient bien. Comme harmonie, c'est à la fois simple et raffiné. Cela me plaît.

BAZATHA

Merci, Princesse. Puis des lits d'or et d'argent rangés en ordre sur un pavé de porphyre et de marbre que j'ai fait embellir de plusieurs figures avec une admirable variété. Le tout est d'un très bel effet... Votre Majesté toujours indulgente pour moi n'aura-t-Elle pas envie de voir cela ?

VASTHI

Mais si, Bazatha. Vous me ferez visiter la salle un de ces jours avant de faire enlever la décoration.

BAZATHA

Ce soir, par exemple, ne vous conviendrait-il pas ?

JERUSHA

Ce soir ! Quelle folie, mon bon Bazatha !

BAZATHA

Oui, je sais. Je l'avais bien dit au roi.

JERUSHA

Comment au roi ?

BAZATHA

Oui, cela ne vous tente pas de voir tous ces personnages illustres auprès des tables chargées de mets exquis, de vaisselle d'or et d'argent... et puis les milliers de flambeaux. Les jeux de lumière sont tout à fait remarquables.

JERUSHA

Nous ne pouvons pas nous montrer maintenant parmi ces brutes en liesse.

VASTHI

Parlez, Bazatha, expliquez-vous. Il y a ici un point à éclaircir.

BAZATHA

Ce soir, le septième et dernier jour du festin, lorsque le roi, dans cette chaleur que cause le vin, était plus gai qu'à son ordinaire...

JERUSHA

Eh, bien ! Qu'est-il arrivé ? Essaie de ne pas bafouiller.

BAZATHA

Il a peut-être bu un peu plus qu'à son ordinaire...

VASTHI

Parle, Bazatha.

BAZATHA

Tout à coup, au moment où l'allégresse était générale, Sa Majesté saisit une coupe d'or et en frappa à plusieurs reprises un plateau d'argent afin d'imposer silence à tous. Puis, sans rien dire, il tira un des cordons écarlates et disparut derrière un rideau bleu céleste.

JERUSHA

Que voulait-il faire là ?

BAZATHA

Sachez, d'abord, que son lit avait été aménagé sur les degrés du trône sous une espèce de tente, et dominait la salle...

VASTHI

Allons ! Sois plus clair.

BAZATHA

Impatients, nos hôtes se turent et se regardèrent : ils n'osèrent ni boire ni manger en l'absence de Sa Majesté...

JERUSHA

Ceci est véritablement étrange.

VASTHI

Un peu de suite dans tes idées, Bazatha, je t'en prie.

BAZATHA

Soudain on voit s'élancer hors des rideaux un bras tenant une coupe pleine de vin — je crains que certains des plus illustres convives n'en aient été aspergés. Les rideaux s'écartent, le roi se présente à nos yeux, assis sur son lit. Il semble heureux, et il sourit en regardant la foule de ses invités. Les coupes se remplissent, l'on attend le toste que le roi va porter...

VASTHI

Et qu'a-t-il dit ?

BAZATHA

Voici son discours : Mes chers hôtes, tandis que vous vous restauriez, mon esprit n'a pas succombé à la paresse : il fouillait mon souvenir, cherchant si j'avais rempli envers vous tous mes devoirs de civilité. Il me semble avoir convenablement traité de si illustres mérites. Durant ces longues fêtes où j'ai tenu à vous distraire, je vous ai fait voir toutes mes richesses, tous mes trésors. Et pourtant, mes chers amis, le plus précieux de mes biens, je vous l'ai caché jusqu'à ce soir. C'est le joyau le plus pur qui soit enchâssé dans mes pensers...

VASTHI

Que signifie ce galimatias ? Parle, dépêche-toi.

BAZATHA

Et Sa Majesté reprit : C'est mon épouse, ma reine, Vasthi, la plus noble des femmes. Et pour réparer ma faute, je vais commander à mon eunuque de la faire venir devant vous.

JERUSHA

C'est indigne !

BAZATHA

A ces mots, comme un seul homme, l'assemblée se leva et se mit à crier de joie, fortement émue de cet insigne honneur qu'elle déclara, d'ailleurs, ne pas mériter.

VASTHI

Mon mari divague.

JERUSHA

Cela passe les bornes...

BAZATHA

Lorsque le silence se fut rétabli, Sa Majesté me fit appeler et me dit : Bazatha, vous allez de

VASTHI

ce pas chercher la reine et vous l'amènerez ici parée de son diadème et de ses bijoux ; vous lui jetterez sur les épaules ce manteau de plumes de paon blanc que vous lui avez récemment fabriqué. Vous lui ferez savoir que je tiens absolument à ce que mes invités puissent se désaltérer à cette source incomparable qu'est sa beauté.

JERUSHA

Tout cela est, en somme, assez grotesque. Quoi ! Le roi s'imagine-t-il que nous allons venir à son banquet ?

BAZATHA

Permettez-moi de vous faire remarquer, aimable princesse, que je ne suis chargé que d'y mener la reine. Toutefois, je pense que Sa Majesté ne verrait pas d'un mauvais œil qu'elle se fît accompagner.

VASTHI

Le roi était-il en pleine possession de ses sens lorsqu'il tint ce discours, ou ne serait-ce qu'une plaisanterie de sa part ?

BAZATHA

Madame, le roi était on ne peut plus sérieux.

Ce sont ces propres paroles que je vous ai fidèlement rapportées.

VASTHI

Mais c'est insensé ! Mon mari ne peut exiger de moi que j'apparaisse ainsi au milieu d'un banquet dont la plupart des convives ne dessoûlent pas depuis des mois.

BAZATHA

Hélas ! Madame, en le fors de ma conscience, je me suis permis de faire cette même réflexion. Cependant, dans l'état d'esprit où se trouve votre époux, vous n'avez pas à balancer : il vous faut obéir.

VASTHI

Obéir ! Le roi irait-il jusqu'à la contrainte ?

BAZATHA

Madame, c'est d'un ordre formel que je suis chargé. Vous ne pouvez vous y soustraire sans que votre refus n'entraîne les conséquences les plus graves.

VASTHI

Va dire à ton maître que je refuse de me rendre au festin.

BAZATHA

Que Votre Majesté réfléchisse ! Je n'y suis pour rien ; et si je retourne sans vous, je risque fort d'être battu, et vous d'être amenée de force.

VASTHI

Va, te dis-je, donner ma réponse à ton maître.

Bazatha sort.

JERUSHA

Notre maître-eunuque s'en va comme un navire en dérive. Je me demande s'il n'est pas trop ivre pour avoir compris ce que disait le roi.

VASTHI

Nous saurons cela tout à l'heure. Le roi ne manquera pas de revenir à la charge.

JERUSHA

Certes, il exige de vous une chose abominable.

VASTHI

Mon orgueil ne fléchira pas.

JERUSHA

Mais on s'écriera : Quoi ! L'impeccable Vasthi résiste au vœu de son époux ! La femme ne doit-elle pas ployer sous la colère du maître ainsi que le roseau se courbe au gré du vent ?

VASTHI

A moins que l'orage ne le casse.

JERUSHA

Je tremble pour vous. Mais, quoi qu'il arrive, reposez-vous sur mon amitié.

VASTHI

Je crains que ce désir de m'humilier ne cache d'autres desseins.

Le roi entre. Il hésite, puis s'avance d'un pas peu sûr, la prunelle égarée.

LE ROI

Vasthi, vous dédaignez de venir selon le commandement que je vous ai fait faire par mon eunuque. Je suis fort en colère ; mon esprit est transporté de fureur. Vous ! Refuser d'obéir ! Jadis nous ne fûmes qu'une intelligence, qu'une volonté.

VASTHI

Hé ! Nous ne le sommes plus puisque votre cœur se dérobe.

VASTHI

LE ROI

Qu'est-ce à dire ?... Ai-je rien demandé de déplaisant ? Je suis fier de vous.

VASTHI

Étrange fierté, pour vrai !

LE ROI

Qu'y a-t-il d'humiliant dans mon désir de vous voir apparaître au festin ?

VASTHI

Comment ! Exiger de moi que je me mêle à cette ivresse, à ces haleines empestées !

LE ROI

Mes convives ne sont pas ivres, Vasthi, ce sont au contraire des hommes fort décents. Je leur ai parlé de vous, j'ai vanté vos grâces. Voici pourquoi ils tiennent à vous présenter leurs hommages.

VASTHI

Qu'ils viennent donc me les offrir le matin, à l'heure de la rosée ! Dessoûlés, ma beauté ne peut que leur paraître plus fraîche...

LE ROI

Je vous dis qu'ils ne sont pas soûls. Faut-il que je vous le répète encore ? Allez-vous venir ?

VASTHI

Suis-je une fille, une courtisane pour m'exhiber ainsi ! Votre volonté est-elle que je m'expose aux prunelles pleines de concupiscence de vos hôtes ? Ne voyez-vous donc pas qu'enflammés par le vin ils ne verront en moi qu'une femme — et non votre reine ! Que me dévêtant dans leur convoitise, baisant de la pensée mon corps, mes seins, ils se diront : sa vertu est-elle cuirassée à toute épreuve ! Voulez-vous me faire subir pareil affront ?

LE ROI

Mais c'est incroyable !... C'est faire outrage à ces hommes estimables qui sont mes amis !... Vous êtes une femme perverse, une dévergondée ! Assez ! Ou vous aurez à supporter les suites de votre entêtement. Venez-vous ?

VASTHI

Épargnez-moi vos menaces. Allons ! Retournez-vous en auprès de ces hommes et laissez-moi me retirer.

LE ROI

Vasthi, écoutez-moi Vasthi... Je suis à bout de patience, il faut que j'aille retrouver mes amis — ils doivent s'étonner de mon absence. Soyez raisonnable, Vasthi. Qu'est-ce que je désire ? Tout bonnement que vous veniez dans la salle du festin avec vos femmes. Vous vous asseyerez sur le trône à mes côtés ; puis, quand vous aurez reçu les hommages de mes amis, je vous permettrai de vous retirer — quoique cela ne soit pas très convenable. C'est une toute petite chose, en somme.

VASTHI

Que vous êtes insupportable quand vous êtes entre deux vins ! Je ne me ferai pas voir à ces hommes : tenez-vous le pour dit.

LE ROI

Ah ! Ah ! Je comprends... Vous voulez me rendre ridicule. Ces princes savent que je suis venu en personne vous chercher. Pensez-vous qu'ils se laissent ainsi moquer de leurs femmes ? Non ! C'est par des gardes armés de fouets qu'ils les font amener. Moi, je suis un tendre ; ces procédés me répugnent. Pourtant vous connaissez la loi : la femme dépend du bon vouloir de son mari. Me pousseriez-vous à des extrémités ?

VASTHI

Vous n'êtes déjà que trop ridicule. Faites comme il vous plaira — D'ailleurs tout ceci n'est qu'un prétexte. Depuis un certain temps vous me cherchez querelle... et je crois en connaître la cause.

LE ROI

Ah ! Voici que la vipère sort de sa cache. Je commence à m'apercevoir à quel point j'ai été dupe — Mon sein a donné refuge à l'hypocrisie ! Je sais ce que j'ai à faire. Elle m'accuse, bien entendu, c'est moi qui ai tous les torts. Soit ! Vous vous retirerez à la campagne où vous vivrez dans la réclusion jusqu'à ce que mes dispositions à votre égard soient prises.

VASTHI

Et c'est ainsi que vous pensez vous débarrasser de moi ! — Et avec quelle fourberie ! Prenez garde : vous pourriez déplorer cet acte de sotte violence.

LE ROI

Ne me raillez pas. On sait ce qui arrive aux

femmes indociles : elles sont répudiées, sinon lapidées.

VASTHI

La mort est préférable à l'opprobre. Laissez-moi puisque je ne suis plus rien à vos yeux.

Mardochée sort du palais ; un vieux juif prétentieux et sot.

MARDOCHÉE

Ho ! Qu'est-ce que c'est ? Une dispute entre époux, une querelle de ménage ? Je gage que vous êtes dans votre tort, Seigneur.

LE ROI

La reine refuse, malgré l'ordre que je lui en ai fait faire par mon eunuque, de venir au festin se présenter devant moi.

MARDOCHÉE

Elle a raison ; la femme a toujours raison, vous pouvez m'en croire. Un conseil : revenez vous-même à table. On passe un petit cru suave comme le chant d'un rossignol. Nos hôtes l'apprécient fort et je crains que, sous peu, il n'en reste plus une goutte... Et pourquoi cette charmante reine ne veut-elle pas venir ? Elle dédaigne notre société à ce que je vois. Elle a raison. A sa place je ferais de même.

LE ROI

Taisez-vous, vous êtes un bavard. Je crois bien que vous êtes ivre comme elle le dit... La reine prétend que ces gentilshommes sont à ce point dépravés qu'à sa vue ils voudront la dépouiller de ses vêtements et l'étreindre... D'une manière théorique, toutefois, soit dit en passant comme circonstance atténuante. J'ai peine à lui faire comprendre que tout bonnement ils veulent déposer à ses mignons pieds leurs hommages déférents... et combien ! Là-dessus, impertinemment elle réplique : Qu'ils viennent donc le matin à jeun et dessoûlés — vous entendez : dessoûlés, comme s'ils étaient véritablement soûls — ma beauté leur paraîtra plus fraîche.

MARDOCHÉE

Mais, Madame, à quoi songez-vous ! Y a-t-il réellement de quoi faire ici une distinction ? On sait pertinemment que l'homme ne pense qu'à la nudité de la femme. — Ce n'est donc pas autrement à jeun. — Oh ! je sais bien que d'ordinaire il dissimule sa convoitise ; mais le soir, après boire, il peut lui arriver de lâcher un peu la bride. Cependant vous voilà prévenue. Et puis, après tout, qu'est-ce que cela peut vous faire ? Venez donc nous égayer avec vos femmes.

VASTHI

Non, non je n'irai pas, je suis fâchée. Bazatha est venu dire que le roi *ordonne* que j'apparaisse au banquet...

MARDOCHÉE

... Pour que vous puissiez désobéir. Il vous aurait prié que, de votre part, il n'y eût eu aucun mérite à refuser.

VASTHI

Je n'admets pas ces façons de parler. Le roi veut me répudier. Hé bien ! qu'il me répudie.

MARDOCHÉE

Allons ! un bon mouvement ! Venez avec nous ; je ferai placer des archers dans la galerie et, si quelqu'un vous manque de respect, il sera embroché en un tournemain.

VASTHI

Non, non, j'ai dit mon dernier mot. Le roi me chasse, je partirai. Venez, Jérusha, accompagnez moi à mes appartements : je vais donner l'ordre qu'on fasse mes paquets.

La reine et Jérusha sortent.

MARDOCHÉE

Elle est réellement contrariée. Je me demande si vous faites bien de la chasser. C'est une épouse dévouée, une femme d'entendement... Elle a su parfois atténuer votre penchant à la paillardise. (*il soupire*) Oui, je crois qu'elle vous manquera.

LE ROI

En ce cas, je ferais mieux de la rappeler...

MARDOCHÉE

En revanche elle a désobéi : quel lourd forfait envers un si doux maître ! Ce faisant, elle se montre capricieuse et, de là à devenir acariâtre, il n'y a qu'un pas. Somme toute, je crois que vous faites bien de la punir ainsi.

LE ROI

C'est votre avis ? Peut-être bien que vous avez raison. Qu'elle s'en aille ! Je n'aurai qu'à claquer des doigts pour la faire revenir.

MARDOCHÉE

Cependant, Seigneur, son délit est grave, il ne faudrait pas trop tarder à en conjecturer la portée. Il serait bon de prendre dès maintenant des dispositions à son égard. Songez aux suites que sa conduite pourrait avoir. Et puis, vous voilà sans reine pour un certain temps... Un ménage sans femme est toujours boiteux.

LE ROI

Parbleu ! Je n'y pensais pas. On pourrait réunir sur le champ un petit conseil. Où sont nos docteurs et nos sages ?

MARDOCHÉE

Hélas ! J'appréhende que, dans l'état où ils se trouvent, leurs sentences ne manquent de limpidité.

LE ROI

Puisqu'il en est ainsi, appelons-en à la science de Bazatha. Il se connaît en femmes, lui, et pourra nous dire si la conduite de la reine peut se défendre. (*Fort*) Bazatha, holà ! Bazatha !

MARDOCHÉE

Bazatha, Bazatha, le roi vous appelle.

VASTHI

LES DEUX

Bazatha, venez donc Bazatha.

Bazatha entre en balançant son ventre avec nonchalance.

BAZATHA

Le roi me mande ? Qu'y a-t-il pour votre service, Seigneur ?

LE ROI

Nous avons besoin de vos lumières, Bazatha.

MARDOCHÉE

Vous savez de quoi il retourne : la reine a dédaigné de venir devant le roi selon le commandement que vous lui en avez fait. Doit-elle être répudiée ? Voilà la question qui nous occupe.

LE ROI

Ai-je mal agi envers elle, Bazatha ?

BAZATHA

Le roi ne peut mal agir. Il est écrit que le roi ne peut mal agir envers personne.

MARDOCHÉE

A mon avis la reine Vasthi n'a pas offensé seulement le roi, mais encore tous les peuples et tous les grands seigneurs qui sont dans toutes les Provinces du roi.

LE ROI

Mais enfin, Bazatha, dites-nous votre pensée. Mon désir fut-il outrageant pour la dignité de la reine ?

BAZATHA

L'âme de la femme est complexe : un regard peut la combler, un souhait la rendre inflexible. Cependant la loi est la loi, vous ne pouvez rien y changer.

LE ROI

Aurais-je outrepassé mes droits en exigeant d'elle...

BAZATHA

Cette conduite de la reine étant sue de toutes les femmes...

LE ROI

Ma foi ! Oui, un bien mauvais exemple.

BAZATHA

... leur apprendra à mépriser leurs maris.

LE ROI

Ce qui est inadmissible.

BAZATHA

Car elles se diront : Le roi a commandé à la reine Vasthi de venir devant lui...

LE ROI

Et elle n'a point voulu m'obéir... voici qui est chatouilleux.

MARDOCHÉE

Et puis, à son imitation, les femmes de tous les grands seigneurs du royaume mépriseront les commandements de leurs maris.

LE ROI

Ainsi ma colère est très juste... Me voici sans femme pourtant.

BAZATHA

Si donc vous l'agréez, qu'il se fasse un édit par votre ordre, et qu'il soit écrit selon la loi des Anciens, qu'il n'est point permis de violer, que la reine Vasthi ne se présentera plus devant le roi...

LE ROI

Mais quoi ! C'est définitif alors.

BAZATHA

... Mais qu'une autre, qui en sera plus digne qu'elle, prendra la couronne.

LE ROI

Ce sera long... En attendant je coucherai seul.

BAZATHA

Je ferai publier cet édit dans toute l'étendue des provinces de votre empire, afin que toutes les femmes, tant des grands que des petits, rendent à leurs maris l'honneur qu'elles leur doivent.

LE ROI

C'est cela même. La perfidie de la reine m'apparaît clairement. La soumission de la femme est la base essentielle du mariage... Vous enverrez des lettres à toutes les provinces en diverses langues, selon qu'elles peuvent être lues et entendues par les peuples différents de mon royaume, afin que les maris aient tout le pouvoir et toute l'autorité, chacun dans sa maison.

BAZATHA
(à l'oreille du Roi)

Si votre Majesté le désire, je pourrais...

LE ROI

Non, non... Les amours faciles me répugnent.

Je m'estime trop pour m'acoquiner à une femme de mœurs avenantes.

MARDOCHÉE

Allez rédiger votre édit, Bazatha, et vivement.

BAZATHA

Mais en outre, j'enverrai dans toutes les provinces des gens experts à considérer les plus belles d'entre les jeunes filles qui sont vierges. Ils les amèneront à la ville, dans le palais des femmes, et me les remettront à moi, Bazatha, qui ai soin de garder les femmes du roi. Et lorsqu'on aura fait ce qui est nécessaire pour contribuer à leur agrément pendant l'espace de douze mois : se servant pour cela, les six premiers mois, d'une onction d'huile de myhrre, et les six autres, de parfums et d'aromates, elles seront présentées au roi, parées de tout ce qu'elles auront demandé. Et celle qui plaira davantage aux yeux du roi, sera reine : il l'épousera.

LE ROI

Dites à vos gens qu'ils se hâtent.

MARDOCHÉE

Tant de précautions me paraissent exagérées.

On trouvera bien une femme digne de la couche du roi sans l'envoyer chercher par delà les monts.

LE ROI

Allez, mon excellent Bazatha ; faites pour le mieux.

Bazatha sort.

MARDOCHÉE

Voulez-vous, Seigneur, que nous nous en retournions auprès de nos hôtes ?

LE ROI

Non, pas moi. J'ai envie de rester au frais. Allez-y, vous, pour voir si tous dorment sous les tables ; on ne les entend plus brailler... Et puis, chut ! chut ! pas un mot de ceci. Vous irez trouver la jolie Esther comme il a été entendu, afin que je puisse lui parler seul à seule. Écoutera-t-elle avec complaisance mon discours, qu'en pensez-vous ?

MARDOCHÉE

Comment avec complaisance ! Une suivante de la reine qui ne serait pas flattée de votre sollicitude ? Il ne manquerait plus que cela ! Souvenez-vous, cependant, qu'elle est étrange, farouche... une vraie biche. Ne la brusquez pas.

LE ROI

J'y veillerai. Allez.

Mardochée sort. Le roi ajuste son manteau, remet sa couronne d'aplomb, et se promène, distrait, de long en large.

LE ROI

Ma femme s'en va, chassée... Je pourrai donc folâtrer en toute liberté avec Esther. Les voluptés de la chair se ressemblent étrangement. A quoi bon changer, qu'est-il besoin de rendre la vie plus enchevêtrée qu'elle n'est ? La pensée est une, et elle ne tend qu'à se diversifier. Voyons ! Je veux raisonner juste. Reposons-nous (*il s'assied par terre, la couronne de guingois*) La pensée suit une ligne droite, partant elle peut être suivie. Je veux réfléchir !... En répandant au dehors ma pensée, je pourrai la guetter étape par étape, là, sur le gazon, balançant le pour et le contre. Mon esprit se tient en spectateur et contemple le déroulement des images. Je lève le bras, j'attends... et au moment voulu mon bras s'abat... (*Un silence. Il regarde avidement l'herbe entre ses jambes*). La femme ! Éternellement la femme ! Seigneur, faites que je songe à autre chose qu'à la chair, (*il enlève sa couronne et la regarde*). Le pouvoir... Symbole de la femme, de la volupté. Cette couronne me fait roi — Je n'ai qu'à la frotter, et instantanément accourront de tous pays des femmes. Salomon fut un grand roi, un roi puissant... Il s'allia aux Pharaons, resta en bonne intelligence avec les Tyriens... Ce fut clairvoyant de sa part. Il éleva le temple, se consacra entièrement à l'administration et à l'embellissement de ses états... Que ne puis-je en faire autant ! La sagesse que Dieu lui donna est restée légendaire... Oui, ce fut un grand roi, un roi perspicace, et néanmoins il eut sept cents femmes qui étaient comme des reines, et trois cents qui étaient comme des concubines. Dut-il sa sagacité à cette multitude de femmes ? Ou bien est-ce la plénitude de son entendement qui lui permit de séduire ce troupeau féminin ? Question épineuse... (*il jongle avec sa couronne*) Baste ! Je n'en ai qu'une et je la renvoie... Pour en prendre une autre il est vrai. Mais est-ce réellement la peine ? Ne suis-je pas jeune ? Certes je devrais avoir une douzaine de maîtresses. Grâce à elles, mon esprit retrouverait, sans doute, son équilibre... Non, cela vous distrait, on perd trop de temps avec les femmes. Cela vous empêche de réfléchir, de résoudre les problèmes que pose l'existence. (*En fureur, il jette sa couronne*).

Je me ferai ermite. Je m'en irai loin d'ici, dans le désert. Je me nourrirai de miel et d'eau... si j'en trouve. La chair sera domptée... la claire vérité inondera mon esprit. Du miel... de l'eau... La solitude ! Un ermite, ça ne doit penser à rien d'autre qu'à la fornication. (*Il regarde à nouveau la terre*) Est-ce que j'ai résolu quoi que ce soit ? Ai-je pris une décision ? Non. (*Il se gratte la tête*) Où en étais-je ?... Ah, oui ! J'attends Mardochée et Esther. Elle décidera pour moi. J'ai soif. Allons boire un coup, cela nous remontera.

Il s'en va en se dandinant ; il ramasse sa couronne. Mardochée entre accompagné d'Esther.

ESTHER

Que me dites-vous, mon oncle ? Le roi aurait le désir de s'entretenir avec moi dans ce jardin ?

MARDOCHÉE

Selon le vœu qu'il vient, lui-même, d'exprimer.

ESTHER

Cette fantaisie me surprend. Pourquoi tant de considération pour moi qui suis une fille bien humble. Ne pourrait-il me parler un soir que nous serions toutes assises auprès de la reine ? Il ne peut avoir rien de secret à me confier.

MARDOCHÉE

Écoutez-moi bien, ma nièce, tâchez de tirer avantage de mon expérience, et d'agir en conséquence de mes conseils.

ESTHER

Je vous écoute, mon oncle.

MARDOCHÉE

Vous êtes une tête sensée, ma nièce ; du moins je le crois. Sous un dehors candide, vous dissimulez une âme vive, une volonté ambitieuse.

ESTHER

C'est trop d'honneur, mon oncle ! Je suis une fille très sage, instruite si vous voulez ; mais peu initiée aux choses de ce monde. Que me voulez-vous au juste ?

MARDOCHÉE

Il se peut que cette entrevue vous procure des avantages considérables. Tâchez donc de ne pas vous laisser intimider par le roi, mais de le mener prudemment.

ESTHER

Que dites-vous là, mon oncle ! Moi si peu politique, je pourrais influencer sa Majesté en quoi que ce soit ? Vraiment, vous me supposez des aptitudes que j'ignorais. Cependant vos paroles me troublent, tant vous semblez mettre d'importance à cet entretien. Je pense que le roi veut ménager quelque surprise à la reine. Son anniversaire n'est pas loin... Peut-être veut-il lui offrir une fête avec des divertissements et me demander conseil...

MARDOCHÉE

Allons ! Ma nièce, assurément vous n'êtes pas si sotte que vous le voudriez faire croire. Un peu plus de franchise, s'il vous plaît ; ou moins de dissimulation.

ESTHER

Comme vous me connaissez mal, mon oncle. Je suis incapable de feindre. Mon âme est limpide comme un miroir d'eau ; la ruse et la fourberie n'y ont pas de place.

MARDOCHÉE

Tant mieux... Mais dites-moi, le roi vous parle-t-il quelquefois ? Puisque vous êtes ma nièce, il devrait faire montre de certaines prévenances. A plusieurs reprises, j'ai cru le surprendre à vous regarder d'une façon singulière.

ESTHER

Est-ce vrai ? Oui, peut-être... Oh ! mais cela ne veut rien dire.... Un jour il m'arrêta dans l'antichambre au moment où j'allais vers la reine. Il me parla sur un ton badin et dit qu'il fallait songer à marier une aussi jolie fille. Et puis il me pinça l'oreille et dit : Voici un gentil coquillage où l'on entendrait toutes les sonorités de la mer. Et puis, se reprenant : Non, ce serait plutôt un nid de colibris, et il me prend envie d'y poser un baiser afin de réveiller leur chant.

MARDOCHÉE

Hm !... Fort bien ! Et qu'avez-vous répondu à cela ?

ESTHER

J'ai ri... Et je me suis sauvée en tirant ma révérence, car la reine m'attendait pour lui faire la lecture, et j'avais peur d'être grondée.

MARDOCHÉE

Tout cela est fort beau, mais ne suffit pas. Et depuis lors n'a-t-il plus causé avec vous ?

ESTHER

C'est depuis cette rencontre qu'il me considère de si singulière façon, mais il ne m'adresse plus la parole.

MARDOCHÉE

Hé bien ! ma bonne Esther il va vous parler tout à l'heure ; et je pense que vous allez être contente de ce qu'il vous dira. Oui, je sais pertinemment que le roi vous veut du bien, qu'il a pour vous de l'estime. Ceci, du reste, est fort naturel puisque vous êtes ma nièce et qu'il m'honore de son amitié. Mais à part cela, il s'intéresse tout particulièrement à vous, ce qui explique d'ailleurs pourquoi il vous regardait tant : il songeait à votre avenir.

ESTHER

Quoi ! Vous chancelez, mon oncle, seriez-vous souffrant ? Vous avez le souffle laborieux, ce me semble. La brise est chaude ce soir. Voulez-vous vous retirer ?

MARDOCHÉE

Ce n'est rien, une bouffée de chaleur qui me monte au visage. Le roi aime que l'on s'attarde à table. Donc, comme je disais, il pense à vous ; il voudrait que vous eussiez un haut emploi au palais... naturellement si la reine consent, et je crois qu'elle n'y mettra pas d'obstacles.

ESTHER

Oh ! la reine m'aime bien ; parmi nous toutes, c'est à moi qu'elle marque une préférence. C'est tantôt : ma bonne Esther, veux-tu me chercher mon sac à ouvrage ; ou bien : ma douce Esther, j'aimerais que tu nous relises ce conte qui nous a tant fait rire l'autre soir... Pour rien au monde, je ne voudrais agir de façon à lui déplaire.

MARDOCHÉE

Ce scrupule vous honore. Je ne vous croyais pas si affectueusement reconnaissante. Nous

nous voyons trop rarement, Esther. Dorénavant, il va falloir que je me charge davantage de votre direction, d'autant que vous n'êtes plus une enfant. Vous allez avoir dix-sept ans bientôt, n'est-ce pas ?

ESTHER

Dix-huit, mon oncle. Je ne suis plus la petite fille que vous croyez.

MARDOCHÉE

Savez-vous que la reine nous quitte dès ce soir pour quelque temps ?

ESTHER

Sans m'en prévenir ! Quel est le motif de ce départ ?

MARDOCHÉE

Elle est nerveuse, elle a besoin de repos. C'est du reste le roi qui l'envoie passer quelques jours à la campagne.

ESTHER

Elle va, sans doute, m'appeler auprès d'elle pour me dire adieu ?

MARDOCHÉE

Peut-être... Mais assez sur ce point. Il s'agit maintenant de vous apprêter à recevoir le roi.

ESTHER

Hélas ! ce voyage imprévu ne présage-t-il pas quelque malheur !

MARDOCHÉE

Eh ! Occupez-vous de vos propres affaires.

ESTHER

Vous voilà tout fâché, mon oncle. Je vous aurai contrarié avec mes craintes puériles et mon bavardage.

MARDOCHÉE

Vous êtes malgré tout encore bien jeune, et vous vous laissez impressionner par une vétille. Écoutez donc mes derniers conseils, et tâchez de les suivre.

ESTHER

Je vous aime, mon oncle. Vous avez été pour moi un père depuis que, si jeune, je perdis le mien. Parlez, que dois-je faire pour garder votre estime ?

MARDOCHÉE

Voilà bien la règle qu'il faut avoir en son cœur. La mort de mon frère m'a valu d'exercer l'autorité paternelle. Nous aimons dans notre vieillesse des rejetons dociles, et l'obéissance est une vertu qui réconforte nos cœurs désabusés.

Mais il se fait tard, le roi va bientôt venir dans l'espoir de vous trouver prête à l'entendre. Vous devez, d'ailleurs, obéissance en toute chose à votre roi comme à moi-même. Je désire donc que vous ne vous opposiez en quoi que ce soit à ce qu'il souhaite. Souvenez-vous que nous voulons tous deux votre bonheur.

ESTHER

Je m'efforcerai de plaire au roi comme à vous, mon oncle. Dites-moi seulement de quelle manière je dois m'y prendre.

MARDOCHÉE

Il veut, et c'est son droit, que vous consentiez désormais à vous laisser guider par lui. Une petite fille, ou même une grande, ne doit pas avoir de volonté. Il vaut mieux, au contraire, qu'elle se laisse renseigner sur les complexités de l'existence par ceux qui sont compétents en cela. Et puis vous risquez, en contrariant un si puissant souverain, d'amener votre disgrâce, et de mettre en danger pour jamais votre carrière. Je ne parle pas de moi, qui pourrais aussi encourir la colère de Sa Majesté si, par un caprice, vous essayiez de vous dérober à votre devoir de sujette.

ESTHER

Mon Dieu ! Quel brouillamini, mon oncle, pour m'apprendre que le roi veut me faire la cour. Allez, je saurai bien de quelle manière me comporter en cette occurrence.

MARDOCHÉE

Nous commençons à nous comprendre, à ce que je vois. Éloignez-vous, je vais prévenir Sa Majesté que vous êtes disposée à l'écouter.

Mardochée et Esther sortent. Vasthi entre accompagnée de Jerusha ; elle porte dans sa main un châle et quelques objets.

JERUSHA

Ainsi ma reine, mon amie m'abandonne. Et seule je dois endurer ma douleur, et affronter les moqueries de ceux qui exulteront de son humiliation.

VASTHI

Ma bonne Jerusha, le souvenir de ton amitié m'aidera à supporter mon exil avec résignation.

JERUSHA

Pourquoi cette hâte ? Cloîtrez-vous un jour ou deux dans votre appartement. L'engoûment du roi pour cette fille ne peut être que passager...

VASTHI

Ma décision est irrévocable. Le roi fera comme bon lui semblera. Trop souvent j'ai dû céder à ses fantaisies de girouette ; j'en suis lasse.

JERUSHA

Le caractère d'Esther échappe au roi. Il vient seulement de jeter sur elle son dévolu. Il n'a pas eu le temps de la connaître. Comment expliquer autrement cette extravagance ?

VASTHI

Le malaise et l'inconstance de l'homme font de lui un être surprenant. Son esprit appelle le changement comme le vide appelle l'air. A peine s'est-il assis, que l'horizon l'attire ailleurs. L'astuce m'apprit à amuser l'humeur versatile de mon mari ; mais je ne me sens plus en état de fixer son désir. S'il exige de moi un départ définitif je saurai une dernière fois lui obéir.

JERUSHA

Ah ! Si vous pensez mourir, faites-moi venir auprès de vous : toutes deux nous nous laisserons glisser le long de cette planche qui aboutit au rêve impénétrable. Ou plutôt, que je vous accompagne dans votre exil !

VASTHI

Amie, la tendresse qui jaillit de mon cœur est grande et m'unit à toi par des liens douloureux à rompre. Mais un instinct plus fécond que la raison...

JERUSHA

Ne partez pas sans me dire que dans l'heure la plus poignante de votre détresse, vous m'appellerez.

VASTHI

Amie, la mort assise sur nos épaules paisiblement nous guette. Mais cette promesse, pourrai-je la faire ? Voyez cette bague... C'est un devin, maître dans les arts obscurs, qui la donna à mon père : elle contient un poison foudroyant. L'envie de m'en servir, quand me prendra-t-elle ? Je ne sais... Demain, ce soir ?... N'exigez donc pas l'impossible.

VASTHI

JERUSHA

Mais s'en aller ainsi sans escorte par des routes désertes ! Ce n'est pas prudent. Le chemin est long jusqu'à l'endroit où vous vous reposerez. Sans bagages, seulement avec ce peu de linge ! Sans nourriture vous tomberez de fatigue ; des voleurs peuvent vous surprendre. Laissez-moi au moins le temps de faire harnacher votre éléphant.

VASTHI

Non, je préfère que ce soit ainsi ; merci de votre tendre sollicitude. Et maintenant que je vous embrasse ! J'ai tout d'abord, avant de me mettre en route, un discours à faire.

Jérusha s'éloigne. Vasthi pose ce qu'elle tient et fait quelques pas dans le jardin.

Foin d'oiseuses lamentations ! Honnie par un ingrat, je m'évade. Et qu'ai-je fait pour mériter cette disgrâce ? Acquiesçant le jour à la moindre de ses extravagances, j'ai dormi, la nuit, dans sa couche, docile à sa convoitise. Ce ne fut pas toujours plaisant de reposer près d'un homme ivre... Il prétexte ma désobéissance, mais n'était-ce pas de mon devoir de défendre mon corps contre la lubricité de ces goujats ? Oh !.. du bruit. Quelqu'un vient-il ?... (*La lune sort d'un nuage*) Tout doux ! Voici la lune. La lune ! Elle est de guingois. Son époux l'aurait-il grondée ? (*On éteint la lune*) Allons ! la lune se couche. Elle sommeille. Tantôt un ver luisant se trouvera sur mon passage pour m'éclairer. L'inconnu me talonne... Où me réfugier ? Ah ! je sais, j'irai trouver ce divin ami de mon père. Encore du bruit !.. Cette fois-ci j'entends des pas. Juste Ciel ! Si c'était le roi... Je n'ai plus le temps de fuir. Où me cacher ? Dans ce bosquet ? Oui, c'est lui ; et avec lui, Esther, ma rivale détestée.

Vasthi se cache. Le roi entre avec Esther.

LE ROI

Venez, ma douce Esther, venez douce créature ! Laissez-moi tremper mon âme dans l'adoration de votre beauté.

ESTHER

Ne trouvez-vous pas, Sire, qu'il fasse frais ? Je frissonne.

LE ROI

Ce n'est rien. Mon esprit est à tel point agité qu'il déteint sur vous. Vous me voyez tout tremblant dans ma béatitude. Venez, asseyez-vous. Je m'étendrai à vos pieds et vous conterai tout bas mes peines.

ESTHER

C'est pour cela que vous m'avez fait appeler ? Oh ! que je suis contente ! Rien ne m'est plus cher que d'atténuer les misères de mon prochain.

LE ROI

Tant de bonté me trouble ; je sens que ma raison s'égare. Asseyons-nous.

Esther s'assied sur les degrés de la fontaine, le roi s'étend à ses pieds.

Là... on est bien ainsi. Posez votre main sur mon front, vous apaiserez le désordre de mon esprit.

ESTHER

Enlevez votre couronne, Sire, je suis sûre qu'elle vous serre trop.

LE ROI

Ah ! Laissez-moi baiser cette petite main craintive — souris blanche qui voudrait peut-être s'abriter dans mon sein — Quoi ! Vous retirez votre main ? Ne voulez-vous donc pas que nous soyons amis ?

ESTHER

Si, mais cela fait venir la chair de poule ; vos lèvres me chatouillent quand elles creusent ainsi la paume de ma main. Ne désirez-vous pas plutôt que nous parlions de vous... de votre amertume ? Je tâcherai d'y porter remède.

LE ROI

Ah ! Esther, vous me mettez au comble de la félicité. Le calme renaît, je sens que je vais aimer pour la première fois.

ESTHER

Oh ! Sire, vos paroles sont inconvenantes ; je ne dois pas les écouter.

LE ROI

Ce mignon pied, comme il est câlin ! On dirait qu'il brave les caresses. Je vais défaire la courroie de votre sandale pour mieux baiser vos petits orteils.

ESTHER

Vous me faites mourir de honte, Sire. Causons tranquillement ; j'aimerais tant vous détourner de vos tristes pensées par de bonnes et sages paroles.

LE ROI

(à part)

Elle est délicieuse. Mardochée m'a prévenu qu'elle est très pudique.

Il se roule sur le gazon, jette sa couronne en l'air ; puis, vers les spectateurs :

J'aurai pour maîtresse une vierge.

ESTHER

Voyons, Sire, si vous n'êtes pas sérieux... Comment voulez-vous que je vous guide de mes conseils ?

LE ROI

Ni main, ni pied ! Je poserai donc ma tête sur vos genoux, et la chaleur de votre giron empêchera mes tempes de battre comme des folles — Laissez vos doigts s'égarer dans mes cheveux... Dix petits doigts, dix petits conseils qui valent mieux que toutes paroles d'or.

ESTHER

Votre fougue m'embarrasse, Sire. La candeur d'une jeune fille craint de découvrir en pareils discours quelque subterfuge.

LE ROI

Je vous effarouche, douce vierge? *(Comme s'il parlait à lui-même)* Allons ! un peu de retenue! *(A Esther)* Faut-il vous distraire ? Je danserai pour vous... Je danserai devant vous, tel le roi David devant l'Arche... Je chanterai, je vous dirai de mes vers... Où est ma lyre ? Holà ! Quelqu'un!

ESTHER

Je vous en prie, Sire... Que personne ne me voie dans cette situation équivoque !

LE ROI

Équivoque ! Qu'est-ce à dire ! Me prenez-vous pour un sot? Ha ! Il semble que cette vertu-là soit teintée d'impudence.

ESTHER

O, Sire ! Quelle cruauté ! Qu'ai-je donc fait pour que vous soyez à ce point blessant ? C'était de bonne foi que je suis venue vous offrir mon dévouement...

LE ROI

Je ne vous comprends pas. Que signifient ces ruses ?... Mon rôle a été bien tenu, ma cour convenablement faite selon les règles ? Ne vous ai-je pas dit des fadaises agréables à entendre? Et ne vous les ai-je pas dites en images recherchées ?... Que vous faut-il de plus?

ESTHER

Ai-je rien demandé, Sire ? Lorsque mon oncle me fit part de votre désir, j'en fus bien aise et, je l'avoue, un peu troublée aussi. N'était-il pas question d'un emploi au palais ?... Aussi étais-je loin de me douter que vous alliez me dire des choses qu'une jeune fille ne doit pas entendre, même de son roi.

LE ROI

Quel galimatias ! Votre oncle ne vous a-t-il pas... mitonnée comme il faut ? Et moi qui croyais que cette marque de mon estime — vous la traduisiez par cet euphémisme : emploi — allait mettre le comble à vos vœux ! L'homme est décidément bien naïf. (*Il baille*) Tiens ! je suis fatigué... Je crois que j'ai trop bu. Si on allait se coucher à l'heure qu'il est ?

ESTHER

Oh ! oh ! oh ! Le vilain mot ! J'aurais dû m'attendre qu'on abusât de mon innocence. Et c'est cela que vous vouliez me proposer, d'être votre concubine ? (*Elle sanglote éperduement*).

LE ROI

Mais que se passe-t-il ? Je comprends de moins en moins... (*Il s'attendrit*) Ne pleurez pas ainsi Esther ! Voyez, ma jolie, votre roi à genoux, devant vous ; il veut que vous ayez de l'affection pour lui... de l'estime. Que dois-je faire pour sécher vos larmes ?

ESTHER

Non, non, non ! cette honte m'a avilie. Que va penser de tout ceci mon bon oncle ?

LE ROI
(*Il veut la calmer*)

Ah ! Qu'il est douloureux de voir saigner l'âme d'une vierge ! (*bas*) Que fait-on en pareil cas ? Ne faudrait-il pas lui offrir des cadeaux ? (*haut*) Demain je vous ferai apporter des bijoux... des toilettes. Vous aurez votre équipage... un appartement somptueux à votre disposition... Répondez. Mais ne me laissez pas seul cette nuit. J'ai bu, j'aurai trop peur.

ESTHER
(très digne)

S'il n'est pas dans votre pouvoir de respecter ma dignité, éloignez-vous. Jamais, entendez-vous, jamais je ne serai votre maîtresse.

LE ROI

Qu'ont-elles donc les femmes pour me contrarier de la sorte ? On dirait qu'elles ont juré ma perte. Pour une dernière fois : Viendrez-vous dans mon lit ?

ESTHER

Non.

LE ROI

C'est non. Hé bien ! en ce cas je fais venir mes archers. Ils vous cribleront de flèches. Qu'en dites-vous ?

ESTHER

La belle avance ! Serez-vous encore amoureux, après cela ? Tel que je vous connais, vous grelotterez de peur à la vue d'un cadavre.

LE ROI

Vous avez raison, Esther, mille fois raison ! La seule pensée de votre mort m'épouvante. Oui, c'est votre corps tiède ondoyant que je veux étreindre. Ah ! Venez, venez, vous me rendez fou en attisant ainsi mon désir. Cette chair de péché brûle avant son heure !

ESTHER

Vous m'importunez.

LE ROI

(Il se traîne à ses pieds)

Que faire ! Mais que faire pour vous fléchir !... Je vous donnerai des terres... Voulez-vous ?... Jusqu'à la moitié de mon royaume ! — Tenez, laissez-moi poser ma couronne sur votre mignonne tête. Quelquefois, dans l'intimité, je vous autoriserai à la porter.

ESTHER

Oh ! Celle-là ne me plaît guère !

LE ROI

Quoi ! Comment ! Mais je n'en ai pas d'autre.

ESTHER

Si, moi j'en connais une autre.

LE ROI

Laquelle ?

ESTHER

Celle que portait Vasthi.

LE ROI
(Il éclate de rire)

Que voilà des complications ! Elle veut que je la fasse reine ! Mais vous êtes folle, ma pauvre fille, tout bonnement folle ! D'abord il y a la question de famille : vous n'êtes pas de condition. Et puis j'aurais Mardochée comme beau-père ! Je le trouve assez gênant comme cela.

ESTHER

En m'épousant, vous me faites votre égale. Ce n'est pas de ma condition que vous êtes amoureux, je pense, mais de mon corps.

LE ROI

Oui, de votre corps, Esther, de votre cher corps frémissant comme une lyre d'où mes doigts sauront tirer de riches harmonies... Et qui doit être blanc, tout blanc, j'en suis persuadé, comme... Comme quoi, voyons ! (*Un temps*) Mais c'est insensé, on n'épouse pas une femme au pied levé ! Le mariage, voyez-vous ma petite Esther, est chose sainte. Il faut peser le pour et le contre. Songez à ce que vous me demandez !

ESTHER

C'est à vous d'y songer. Vous voulez que je sois à vous, hé bien ! vous avez ma réponse.

LE ROI
(Il médite)

Il se peut qu'elle ait raison. Au fond, pourquoi pas ? L'une ou l'autre, pourvu que ce soit une femme. Hésiter davantage serait déraisonnable. (*à Esther*). Eh, bien ! Soit ! Vous serez reine dès que les formalités en vue d'annuler mon union avec Vasthi seront accomplies. C'est peu de chose ; mais il faut respecter les formes de la Justice. Cela vous va-t-il ? Toutefois à condition que vous ne me laisserez pas seul cette nuit. Je me sens tout remué par tant d'émotion.

ESTHER

Le désir de l'homme est mobile, une parole donnée est vite reprise. Le roi peut invoquer des raisons d'État. Donnez-moi l'assurance que vous tiendrez votre parole.

LE ROI

Vous exigez des garanties ! Décidément vous n'êtes guère commode. Voulez-vous des témoins ? Ainsi vous ne mettrez plus en doute la pureté de mes intentions. Holà ! Mardochée, Bazatha...

VASTHI

(se montrant)

N'appelez personne. Ma seule présence sera le meilleur témoin de votre indignité.

LE ROI

Quoi ! Vous étiez là à nous espionner !... Je vous croyais déjà loin. Peste ! On n'en a jamais fini avec les femmes. Qu'est-ce que vous voulez encore ?

VASTHI

Bénir votre union. (*A Esther*) Vos ruses ont su ensorceller ce fantoche. Je vous félicite de votre adresse et je vous abandonne ma place sans trop de regrets. Prenez cette bague. En la recevant de mes mains, vous avez la certitude que votre vœu sera exaucé : Je vous autorise moi-même à me succéder. (*Esther prend la bague et la met à son doigt*)

VASTHI

Cette bague vous fait reine. Puisse ce rang, comble de votre convoitise, vous apporter la joie ; et que l'amertume que je ressens vous soit épargnée ! Et maintenant, laissez-moi prendre congé de vous. Vous allez vous asseoir sur un trône, tâchez de vous en rendre digne.

ESTHER

Oh ! Madame, me voici toute confuse. Vraiment ! Vous ne m'en voulez pas plus ? Du moment que sa Majesté vous répudie, j'ai cru pouvoir oser vous remplacer. Une autre en serait-elle plus digne que moi ?

LE ROI

On prend la chose par le bon bout. Je m'attendais qu'il y eût du grabuge. Puisqu'il en est ainsi, tout va s'arranger à merveille. Hé, bien ! Esther, chère et future épouse, nous célébrerons demain nos fiançailles. En attendant, je vous rappelle votre promesse... Je suis fort éprouvé. Allons-nous bientôt chercher le repos ?

ESTHER

Ordonnez, mon maître. A partir de cet instant, je le jure, mon esprit ne trouvera de quiétude que tant qu'il demeurera dans l'obéissance.

VASTHI

Jerusha et Mardochée entrent.

MARDOCHÉE

Quelle fine mouche que ma nièce ! Si ce que l'on chuchote est vrai, la voilà en passe de devenir reine. Je vous fais mes excuses, Esther, d'avoir pu, un moment, douter de votre perspicacité. Ma famille sera dignement représentée par vous.

JERUSHA

N'était-ce que pour essuyer cette dernière vilenie, Vasthi, que vous avez tardé à disparaître ? Laissez-moi vous reconduire maintenant.

ESTHER

(*Elle pousse un cri*)

Oh ! Il y a du sang à mon doigt ! C'est la bague qui m'a piquée. Oh ! Je me meurs ! Cette méchante femme m'a empoisonnée.

Elle meurt.

MARDOCHÉE

Comment ! Elle est morte !... Elle ne sera pas reine ! Soyez maudite, vilaine meurtrière.

JERUSHA

Venez, Vasthi, mettons-nous en route. Nous

irons demander asile à ce devin, ami de votre père.

LE ROI

Vous avez fait cela, Vasthi ! Vous avez tué ! Mais c'est un monstre que j'ai nourri dans mon sein.

VASTHI

Vos injures me laissent froide. Quoi ! Cette fille voulait me fruster de mes droits, et je ne m'y serais pas opposée de toute mes forces ! A ma place, tous vous en auriez fait autant. Chassez-moi maintenant si vous en avez encore envie. Mais je n'ai fait qu'accomplir un devoir... Et j'ai empêché mon mari de faire une sottise.

LE ROI

Il a fallu cet acte de violence pour me dégriser. Je commence à me demander si je n'étais pas un tant soit peu dans mon tort. Certes j'allais commettre une bourde. Vasthi, il est temps que je reconnaisse mes fautes et que je vous en demande pardon. Désormais votre souhait sera mon guide, votre bonheur mon unique préoccupation. *(A Mardochée)* Allez ouste ! Exécrable entremetteur, c'est vous qui vous avez machiné tout cela. Que je ne vous revoie plus !

Mardochée s'enfuit, le roi lui lance un coup de pied, et se tourne vers Jerusha.

Faites veiller ce corps. Cette femme a failli me tromper et me rendre ridicule... Mais en dépit de sa fourberie je veux qu'elle soit enterrée avec décence.

Il donne son bras à Vasthi et sort en titubant.

Venez ma reine, ma vie. Je ne reposerai pas seul cette nuit. Et vous chasserez de ma couche les effroyables cauchemars qui m'auraient épouvanté.

ACHEVÉ D'IMPRIMER
LE 5 OCTOBRE 1929
SUR LES PRESSES DE
AULARD A PARIS

www.ingramcontent.com/pod-product-compliance
Lightning Source LLC
LaVergne TN
LVHW020042170826
845678LV00001B/376

* 9 7 8 2 3 2 9 7 3 0 4 0 0 *